ANTOINE DE SAINT-EXUPÉRY

O Pequeno Príncipe®

A história para crianças com curiosidades e muita diversão!

DIRETORIA: Jorge Carneiro e Rogério Ventura;
DIREÇÃO EDITORIAL: Daniele Cajueiro;
COORDENAÇÃO EDITORIAL: Eliana Rinaldi;
EDIÇÃO: Débora Justiniano;
GERÊNCIA DE PRODUÇÃO: Adriana Torres;
PROJETO GRÁFICO: Larissa Fernandez Carvalho e Leticia Fernandez Carvalho;
PRODUÇÃO GRÁFICA: Jorge Silva;
REVISÃO: Maria Flavia dos Reis e Islaine Lemos;
COLABORAÇÃO: Camilla Costa (texto).

EDIOURO PUBLICAÇÕES LTDA.
Rua Candelária, 60 – 7º andar – Centro
Rio de Janeiro – RJ – CEP 20091-020
Tel.: (21) 3882-8200
Email: coquetel@ediouro.com.br

www.coquetel.com.br
www.ediouro.com.br

Olá, amigo!

Eu sou o Pequeno Príncipe e vim de um planeta muito distante! Você deve estar curioso para conhecer um pouco mais sobre a minha história, não é? Neste livrão, você vai acompanhar todas as minhas aventuras, de uma maneira muito divertida! Nas próximas páginas, você vai ler tudo sobre como eu fui parar aqui no planeta Terra, onde conheci meu grande amigo, o piloto! Além disso, vou contar um pouco sobre as viagens que fiz por outros planetas e vou apresentar todas as pessoas grandes que fui encontrando pelo caminho. Não podemos esquecer, é claro, que toda essa história vem acompanhada de passatempos muito legais e divertidos, como caça-palavras, liga-pontos e jogo dos erros, além de curiosidades inéditas e um lindo pôster! A diversão é garantida, e tenho certeza de que você vai adorar embarcar nessa viagem comigo.

Hora do embarque!

Desde pequeno, eu adorava desenhar! Aos seis anos, li que as jiboias engoliam suas presas sem mastigar. Fiquei muito impressionado e fiz um desenho assustador! Eu o chamei de "desenho número 1". Mostrei para as pessoas grandes, mas elas não entendem nada sozinhas e disseram: "Por que teríamos medo de um chapéu?" Para explicar, precisei fazer o "desenho número 2", então era possível ver o elefante engolido dentro da jiboia. As pessoas grandes insistiram para que eu parasse de desenhar e escolhesse outra profissão.

A sombra

A imagem de uma jiboia engolindo sua presa inspirou o piloto a fazer o primeiro desenho de sua vida, e é algo de que ele ainda se lembra mesmo depois de muitos anos. Mas será que ele conseguiria reconhecer a sombra desse desenho?

Observe os detalhes do desenho a seguir e marque a sombra correspondente.

①

②

③

A ordem

O piloto não desistiu depois que os adultos não entenderam seu primeiro desenho e decidiu fazer uma nova versão.

Observe o desenho e responda qual a ordem certa para o desenho da direita.

Foi assim que decidi ser piloto. Voei por todo o mundo, até que, certo dia, meu avião sofreu uma pane, caiu e rodopiou na areia do deserto do Saara, distante de tudo e de todos. Eu estava desesperado! Já me preparava para recolher a água do orvalho para beber, quando ouvi a voz de uma criança:

— Por favor, desenha um carneiro para mim?

desenho número 1

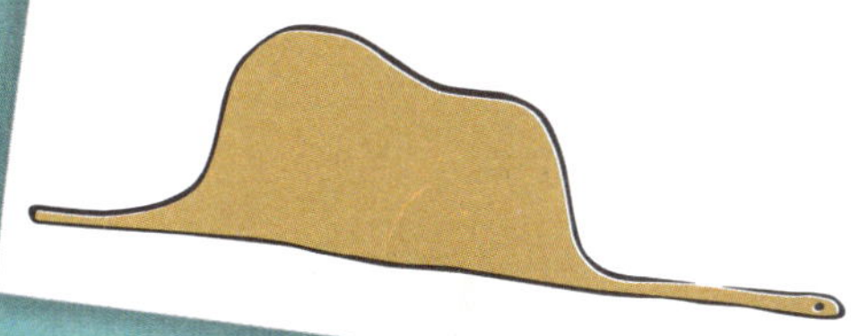

desenho número 2

Vamos desenhar?

Você já percebeu que os carneiros se parecem com nuvens fofinhas de algodão? Vamos ajudar o piloto a desenhar um carneiro para esse visitante inesperado que apareceu no deserto!

Desenhe o seu próprio carneirinho e solte a sua imaginação!

Curiosidade

Antoine sempre foi muito criativo! Desenhava e escrevia roteiros engraçados ou dramáticos e fazia com que seus irmãos representassem as cenas para pessoas grandes.

Quando o mistério é muito impressionante, a gente não ousa desobedecer. Assim, tentei atender ao seu pedido, porém ele achou que meu carneiro parecia feio e doente e pediu para eu fazer outro. Eu fiz, e ele reclamou contrariado:

— Isso é um bode, tem dois chifres!

Desenhei outra vez, mas ele não gostou:

— Esse é muito velho! Preciso de um carneiro que viva muito!

Quebra-cabeça

O piloto conseguiu, finalmente, entender o que o Pequeno Príncipe queria e desenhou um carneiro do jeito que ele imaginava.

Descubra qual das peças a seguir completa o quebra-cabeças.

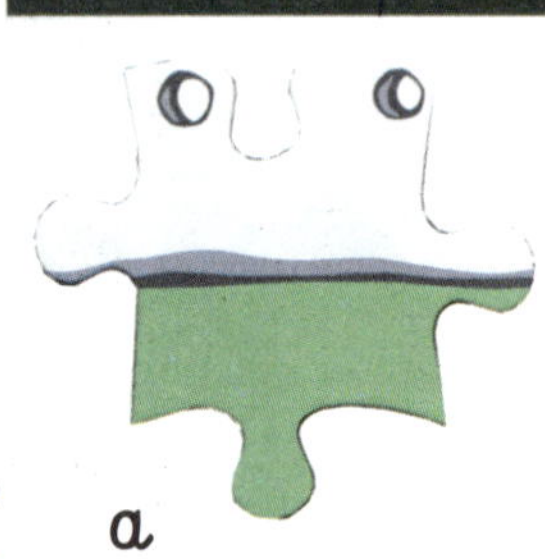

a

b

c

d

Perdi a paciência, desenhei uma caixa com três furos e avisei:

— Esta é a caixa. Seu carneiro está aí dentro.

O Pequeno Príncipe pegou a caixa com todo o cuidado, e o que ele disse me surpreendeu:

— Era assim mesmo que eu queria! Será que preciso de muita grama para o meu carneiro? Olha! Ele dormiu...

Liga-pontos

O piloto não acreditou quando o Pequeno Príncipe inesperadamente apareceu no deserto. O menino não se parecia com nenhum outro que ele já tivesse encontrado na vida.

Ligue os pontos de 1 a 60 e complete o desenho do Pequeno Príncipe feito pelo piloto.

Curiosidade

Aos seis anos, a brincadeira preferida de Antoine era amarrar asas de lençol na sua bicicleta e descer por uma rampa gritando: "Um dia vou voar de verdade e todos gritarão: Viva Saint-Exupéry!"

Como as pessoas grandes gostam de números, vou lhes contar que o planeta do Pequeno Príncipe era o asteroide B612. Ele foi descoberto por um astrônomo turco, que, ao apresentar sua descoberta na Europa, apareceu vestido com as roupas típicas de seu país.

Figuras repetidas

O astrônomo turco que descobriu o asteroide do Pequeno Príncipe precisou trocar de roupa para ser levado a sério pelos adultos. Ele colocou uma roupa elegante para se apresentar, mas não era isso que ele queria vestir.

Observe as imagens abaixo e encontre a única roupa que não se repete.

Curiosidade

Um asteroide foi descoberto, em 15 de outubro de 1993, pelos astrônomos Endate e Watanabe, e denominado Asteroide B612 pela União Astronômica Internacional. Uma homenagem à obra "O Pequeno Príncipe", de Saint-Exupéry, e seu minúsculo planeta.

Ninguém o levou a sério, até que, em 1920, por ordem do ditador da Turquia, ele passou a usar roupas ocidentais. Voltou a falar sobre o astro, desta vez vestido com uma elegante casaca. Todos o acharam tão interessante! As pessoas grandes cismam em julgar os outros pela sua aparência ou forma de se vestir.

Siga as linhas

Para descobrir o asteroide B612, o astrônomo precisou estudar bastante o Universo através do seu telescópio.

Siga as linhas e descubra qual dos planetas abaixo foi o encontrado por ele.

Curiosidade

Na Turquia, o ditador Kemal Atatürk proibiu, em 1925, que os habitantes vestissem roupas turcas tradicionais ou véus. Obrigou os homens a vestirem chapéus e roupas no estilo dos europeus ocidentais. A citação de um ditador foi, durante anos, censurada nas edições turcas de “O Pequeno Príncipe”.

Aos poucos, o Pequeno Príncipe e eu fomos nos conhecendo melhor. O principezinho me contou que adorava ver um pôr do sol. Em seu planeta, era só afastar um pouquinho a cadeira que logo assistia a um grande espetáculo colorido. Mas eu estava curioso a respeito do carneiro e perguntei:

— Por que você precisa de um carneiro?

Jogo da memória

Vamos ver se você é bom de memória? Observe bem a cena por alguns segundos, vire a página de cabeça para baixo, cubra o desenho e responda às perguntas.

1. Há cinco estrelas no desenho?
2. O Pequeno Príncipe está usando um cachecol amarelo?
3. A rosa está protegida por uma redoma de vidro?
4. A roupa do Pequeno Príncipe é azul?
5. A Lua aparece na imagem?
6. Há três pássaros voando?
7. O Pequeno Príncipe está sentado?

— Porque moro em um planeta muito pequeno. Lá existem três vulcões. Dois são ativos, e em um deles posso até cozinhar. O outro vulcão já é extinto, mas eu o limpo sempre, a gente nunca sabe. É uma questão de disciplina. Quando a gente faz a nossa higiene pela manhã, precisa também fazer a higiene do planeta.

Desafio

O piloto era um aviador profissional e conhecia muito bem os continentes e vários países do planeta Terra. Como o asteroide do principezinho foi inspirado em um país da América Central, que tal testar seus conhecimentos e tentar descobrir o nome de alguns dos países localizados na América do Norte, Central e do Sul, de acordo com suas bandeiras?

Desembaralhe as letras e aprenda um pouco mais sobre a geografia do nosso planeta.

a d n
C a á

____

i é x
o M c

____

a
u C b

____

m a á
n P a

____

B v o
a l í i

____

l i r
a s B

____

Curiosidade

Acredita-se que o planeta do Pequeno Príncipe foi inspirado no país El Salvador, situado na América Central, onde nasceu a esposa de Antoine. O lugar tem muitos vulcões e, por isso, é conhecido como "A Terra dos Vulcões".

O verdadeiro perigo são os baobás, que ameaçam meu asteroide. Por isso preciso de um carneiro. Ele poderá comer as raízes dos baobás, que nascem pequenininhas. Assim, as árvores gigantes não vão crescer para invadir meu planeta. Mas agora fiquei preocupado: e se o carneiro comer minha rosa? É uma flor única! Ela nasceu no meu planeta e me disse que não existe outra igual a ela.

Achei!

"Ora, se não arrancamos logo um baobá, depois não conseguimos mais fazê-lo. Ele ocupa todo o planeta e o perfura com suas raízes. Quando o planeta é pequeno demais, e os baobás muito numerosos, eles o destroem."

Observe a imagem abaixo e encontre TRÊS flores e TRÊS números ímpares.

Lá no meu planeta, eu vivia muito sozinho, até que, certa manhã, bem quando o sol surgiu, nasceu uma rosa. Ela demorava horas para arrumar suas pétalas, mas era tão linda! Eu fiquei encantado e fazia de tudo para agradá-la. Regava-a com cuidado, limpava seus quatro espinhos e a protegia com uma redoma.

Caça-palavras

Na hora do café da manhã, a flor jogava seu charme para que o principezinho lhe desse água e atenção. O menino, envergonhado, buscava um regador com água fresca e molhava sua amada florzinha.

Você sabe como cuidar do seu jardim? Na **JARDINAGEM**, outro equipamento utilizado para regar as plantas é a **MANGUEIRA**. Com uma **PAZINHA**, é possível plantar melhor as mudas ou **SEMENTES** na terra. É preciso preparar o solo com cuidado, por isso, é sempre bom cuidar da **GRAMA**. Uma dica é que você pode utilizar uma **VASSOURA** de jardim, que remove **FOLHAS** secas e deixa o gramado bem limpinho. Não se esqueça de usar **LUVAS**, para não se ferir com nenhum espinho, e de cuidar com carinho das suas flores!

Procure e marque, no diagrama de letras, as palavras em destaque no texto.

K	S	G	V	S	S	V	K	Z	R	H	S	U	F	T	L	E	P	T	N	H	R	V	Z	C	H	S
Q	X	G	P	H	U	P	I	C	M	I	W	O	V	F	T	Q	J	A	W	U	R	V	C	T	D	X
L	E	M	G	Z	R	F	A	O	B	V	O	V	X	O	M	Q	P	B	R	X	A	P	E	Z	F	X
R	S	K	Q	W	S	Y	Y	I	M	Y	D	L	P	L	A	F	S	E	M	E	N	T	E	S	J	E
D	L	U	V	A	S	S	E	T	V	D	K	R	A	H	B	H	J	E	U	Q	S	S	I	Y	E	O
C	J	X	G	G	D	Q	V	W	A	K	L	U	G	A	W	O	M	T	Z	X	B	J	E	Z	S	J
S	E	Q	K	Y	I	Z	H	Q	S	C	C	Q	S	S	M	G	N	W	F	J	Q	F	L	A	W	O
W	L	N	K	M	C	F	E	N	S	R	P	K	Z	F	I	Y	G	K	Q	E	X	W	S	A	N	W
Z	G	Y	F	M	X	U	Z	A	O	M	K	D	D	J	U	H	S	N	G	E	G	E	H	R	I	W
X	K	G	P	J	W	E	A	L	U	B	C	P	Q	O	F	I	H	V	B	X	Z	L	J	M	B	M
J	H	J	A	P	W	R	C	B	R	B	C	J	J	N	Y	Z	U	V	P	M	G	K	B	A	D	L
F	F	V	Z	V	P	Q	E	E	A	V	X	Q	E	C	Q	C	T	X	M	A	O	K	L	N	Z	N
V	E	M	I	A	Z	J	A	F	U	O	A	Z	E	M	G	F	H	W	O	I	D	O	A	G	N	I
R	V	Y	N	A	W	T	Q	Z	Z	E	Y	K	O	L	D	B	J	S	X	R	R	B	A	U	L	N
N	O	C	H	C	H	L	N	F	J	Y	J	J	A	R	D	I	N	A	G	E	M	P	V	E	W	C
U	Q	M	A	D	G	K	F	G	X	D	L	B	M	S	G	Q	S	U	W	R	Y	D	W	I	S	X
A	A	G	J	D	X	G	R	A	M	A	B	R	B	H	S	I	Q	E	K	H	P	O	I	R	F	K
M	A	I	P	S	N	L	D	I	U	C	B	W	E	B	A	L	P	F	C	Z	B	O	W	A	F	N
T	E	C	N	J	U	L	S	A	Y	F	Z	U	Q	I	H	S	E	L	S	Y	T	Y	O	Y	E	B

Mas minha rosa não sabia demonstrar gratidão. Só reclamava. Então, apesar de todo o meu amor, resolvi ir embora. Era hora de conhecer outros lugares. Limpei bem meu planeta, e, quando ia cobrir a minha flor, ela exclamou:

Figuras repetidas

"Os espinhos não servem para nada, é pura maldade das flores", disse o piloto. Mas o Pequeno Príncipe respondeu: "Não acredito em você. As flores são fracas. São ingênuas. Defendem-se como podem. Acham-se assustadoras com seus espinhos..."

Observe as imagens abaixo e encontre a única flor que não se repete.

— Deixe essa redoma! Preciso tolerar algumas lagartas se quiser conhecer as borboletas. Sei que perfumei e encantei, mas não mostrei que te amo. Me perdoa. E agora vai, tenta ser feliz! Já que você decidiu partir, vai, não demora, é tão irritante! Sou uma rosa, e flor não chora!

Vamos colorir?

A rosa não gostava de vento, então pediu uma redoma para a proteger. "Que má sorte ela não gostar dos ventos", logo pensou o Pequeno Príncipe. Mas o menino acatou seu pedido e colocou uma proteção em volta de sua rosa.

Que tal colorir a rosa do principezinho? Use a imaginação e cores bem divertidas para deixar a rosa ainda mais bonita!

Curiosidade

A rosa do principezinho foi inspirada na esposa de Antoine, Consuelo. Ela era muito bonita, caprichosa e vaidosa.

Peguei carona com os pássaros selvagens que migravam. Minha rosa e eu estávamos muito tristes. Ela não queria que eu a visse chorando. Fomos na direção de outros planetas. Aproveitei para visitá-los, para procurar uma ocupação e aprender algo com eles.

Liga-pontos

O Pequeno Príncipe aproveitou a migração dos pássaros selvagens para fazer sua viagem pelos asteroides.

Ligue os pontos de 1 a 40 para formar os pássaros que levaram o principezinho pela sua jornada. Depois use cores bem divertidas para pintá-los como quiser!

O primeiro planeta que conheci era habitado por um rei. Ele logo me chamou de súdito, pois achava que reinava sobre todas as coisas e pessoas. Eu bocejei, e ele reclamou por eu ter bocejado. Expliquei que era o cansaço, então ele ordenou que eu bocejasse. Eu queria seguir em frente e sugeri que ele me mandasse ir embora. Mas o rei insistiu e me ofereceu um cargo de ministro, pois não queria reinar sozinho. Ele me ensinou que só podemos exigir das pessoas aquilo que elas podem dar, e insistia para que eu ficasse. As pessoas grandes são muito estranhas!

Jogo dos erros

Quando chegou ao primeiro planeta, o principezinho começou a receber ordens do rei que lá habitava. Isso porque ele acreditava que era um monarca universal, mas, como estava sozinho em seu próprio planeta, não havia ninguém a quem dar ordens.

Observe os desenhos abaixo e encontre as CINCO diferenças existentes entre eles.

No segundo planeta, encontrei um vaidoso. Fiquei curioso e perguntei para que servia seu enorme chapéu. Ele me ensinou a juntar as mãos, separar, juntar, separar, cada vez mais rápido, para que eu o aplaudisse. Assim, ele erguia o chapéu para agradecer:

Detalhes

No planeta do vaidoso, o Pequeno Príncipe descobriu que os vaidosos só ouvem elogios.

Observe o desenho do vaidoso e descubra qual dos detalhes numerados não coincide com a imagem principal.

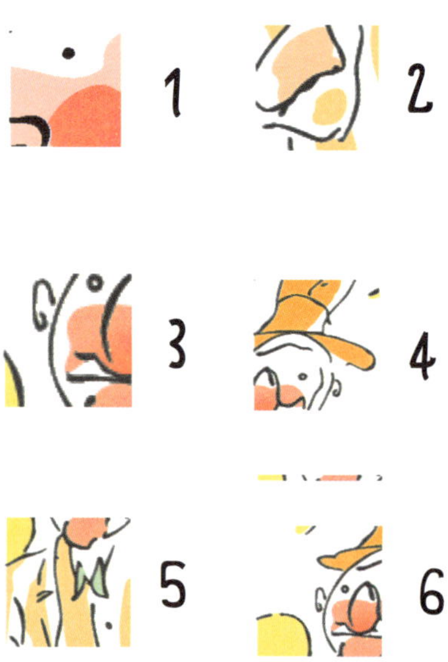

Curiosidade

O grande sonho de Antoine era voar. Aos 12 anos, convenceu um piloto a levá-lo para um passeio num avião de madeira e tela. Já adulto, tornou-se um aviador profissional e viveu por 2 anos no deserto da Mauritânia.

— Muito obrigado, muito obrigado, não sou o mais lindo, o mais charmoso e o mais genial ser deste planeta?

Achei muito divertido e tentei explicar que naquele planeta não havia mais ninguém para se comparar com ele, mas o vaidoso não me ouviu. Os vaidosos só ouvem elogios.

Código secreto

O Pequeno Príncipe tentava falar com o vaidoso, porém ele não o escutava. Descobriu, então, que os vaidosos só querem ser admirados. Mas o principezinho não conseguia entender por que isso o interessava tanto e por que ele queria ser admirado o tempo todo.

Substitua os símbolos pelas letras correspondentes e descubra o verdadeiro significado de admirar.

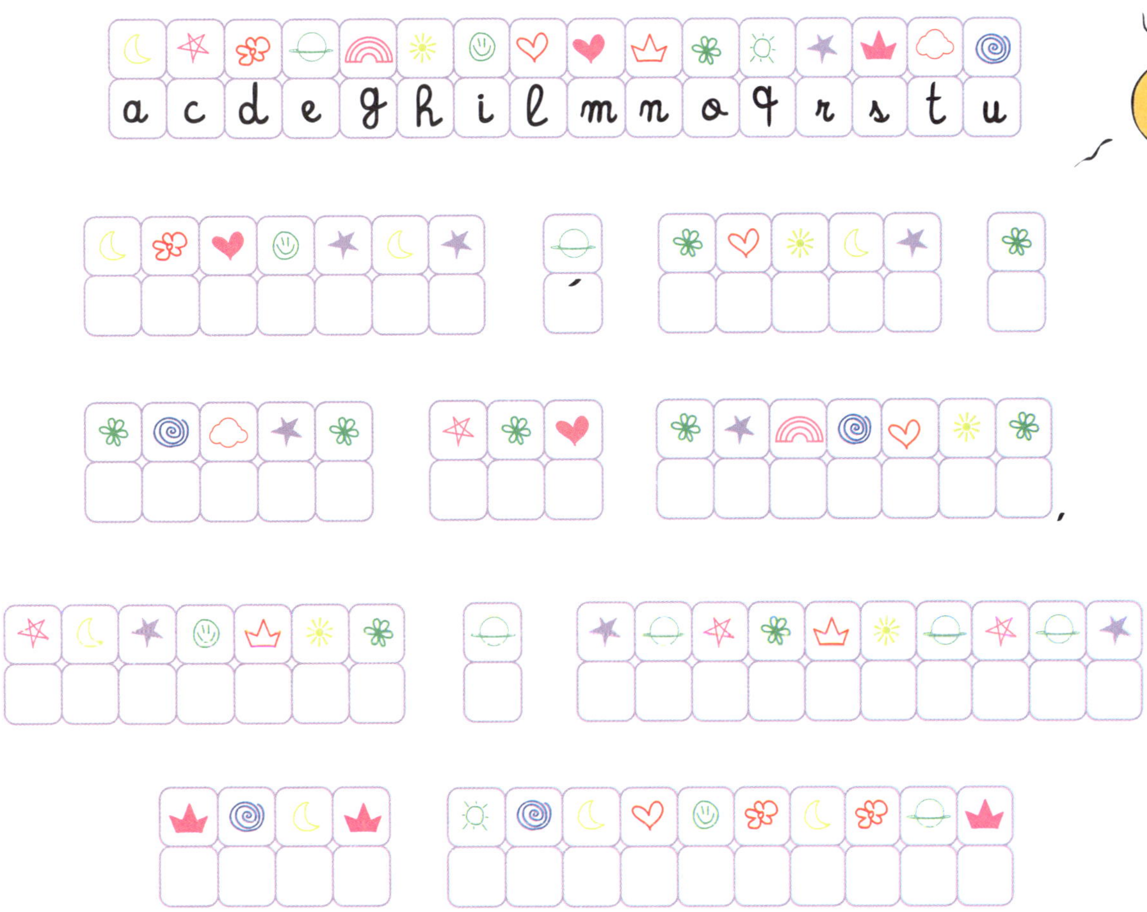

O próximo planeta que visitei era ocupado por um bêbado. Ele estava largado, em frente a uma mesa cheia de garrafas vazias. Era um homem muito triste, e o que ele me disse me deixou mais triste ainda.

— Por que bebes? — perguntei.

— Para esquecer — respondeu.

— Esquecer o quê? — insisti.

— Que tenho vergonha... — confessou o bêbado.

— Vergonha de quê? — insisti mais uma vez.

— De beber! — respondeu ele, encerrando a conversa.

As pessoas grandes são muito bizarras!

Matemática

O homem de negócios passava o dia contando estrelas e, quando o Pequeno Príncipe chegou, ele quase perdeu a conta!

É a sua hora de fazer cálculos, assim como o homem de negócios. Faça as continhas e descubra o valor de cada símbolo.

Curiosidade

Antoine e seus colegas criaram a primeira linha aérea que ligaria a Europa ao Brasil. Naquela época, os aviões não tinham freios nem radar!

Quando cheguei ao quarto planeta, encontrei um homem de negócios que nem percebeu que eu chegara. Descobri que ele contava alguma coisa. Mas ele não tinha tempo para me explicar. Precisei descobrir sozinho que ele contava as estrelas. Queria comprar todas.

Quando perguntei para que precisava de tantas estrelas, ele me respondeu sem paciência:

— Para ficar rico!

Eu quis saber para quê e ouvi:

— Para poder comprar mais estrelas!

Acho que ele pensa como o bêbado.

Criptograma

Apesar de viver contando estrelas, o homem de negócios as considerava apenas como coisinhas douradas que cintilam. As estrelas cadentes são as mais valiosas, pois são raras. Elas parecem estar caindo do céu, porque viajam em alta velocidade. Mas você sabia que elas não são realmente estrelas?

Em toda a casa, há um símbolo que representa uma letra. Uma dica: comece escrevendo as letras do exemplo nos símbolos correspondentes. Ao completar o passatempo, descubra o que são as estrelas cadentes.

O avião com duas turbinas.	ϟ	✏		❏	✖	❏	▲
Bloco desprendido de geleiras.	✏	🌀		ϟ	🐟	▲	✈
Criar laços.	🌀	✿		✏	⇨	✿	▲
Onde os peixes moram (pl.).	❏	🌀		✿	♠	❏	✂
Curso de água que banha Paris.	▲ R	✏ I	O	✂ S	🐟 E	♠ N	✿ A
Pequeno fruto vermelho.	💧	❏		✿	♠	✈	❏
A cor da ametista.	⇨	✏		☼	🐟	✖	✿
Estrutura que produz o movimento do corpo.	💧	☂		🌀	☂	☼	❏

No quinto planeta, um acendedor de lampiões acendia e apagava a chama do lampião a cada minuto. Assim que o céu escureceu, ele o acendeu.

— Boa noite — disse ele.

Eu já ia responder, mas o céu clareou e ele apagou o lampião. Então respondi:

— Bom dia!

A parte

O acendedor de lampiões ganhou a admiração do Pequeno Príncipe, pela sua lealdade em cumprir a tarefa que lhe foi determinada. Mesmo cansado, ele apagava e acendia o lampião, cuja pequena luz era ofuscada na imensidão do Universo.

Observe o desenho abaixo e descubra a parte que o completa.

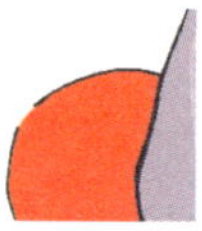

1

2

3

4

Sem parar de trabalhar, ele me explicou:

— Eu obedeço ao regulamento. Mas meu planeta gira cada vez mais rápido, e o regulamento não muda!

Eu já ia começando a sorrir, mas ele acendeu o lampião e retrucou:

— Não é nada engraçado. Já faz um mês que estamos conversando! Boa noite!

Dominox

O Pequeno **PRÍNCIPE**[8] tentou ajudar o ~~**ACENDEDOR**~~[9] a ter mais **MINUTOS**[7] livres no seu dia, afinal, naquele **PLANETA**[7], um dia inteiro durava um minuto! E o planeta era tão pequeno que, com apenas **TRÊS**[4] passos, era possível dar uma **VOLTA**[5] inteira nele. Quando foi **EMBORA**[6], o principezinho percebeu que, de todos os **HABITANTES**[10] dos planetas visitados até então, o acendedor de **LAMPIÕES**[8] era o único que poderia ser seu **AMIGO**[5].

Preencha o diagrama, respeitando os cruzamentos, com as palavras em destaque no texto. Os números indicam a quantidade de letras das palavras a serem escritas no diagrama.

O sexto planeta era enorme! Nele, um geógrafo escrevia, em um livro muito grande, tudo que havia no seu planeta. Quando pedi para me contar se havia lagos, rios e montanhas, ele explicou que era muito importante para ficar explorando cada lugar. Por isso ficava sentado, só anotando.

Risque as letras

O Pequeno Príncipe encontrou, no sexto planeta, um velho senhor. Ele nunca saía do escritório e se dizia importante demais para andar por aí. Mas o senhor recebia os exploradores e anotava tudo o que eles relatavam para completar sua pesquisa sobre uma nova região ou local.

Risque as letras X, Y e Z e descubra quem é esse personagem.

y	x	g	z	x	y	z	y	x	y
y	z	x	y	z	y	x	e	z	y
x	y	y	x	o	y	x	z	y	z
y	x	g	y	x	y	z	y	y	z
z	y	x	y	y	x	y	x	y	r
a	y	x	y	x	y	f	y	y	z
y	y	x	y	y	o	y	z	y	y

		´					

— Vamos lá! — exigiu. — Descreva o que existe em teu planeta.

Eu lhe contei da coisa mais importante: minha rosa. Porém o geógrafo não se interessou e me revelou que ela era efêmera.

— O que significa efêmera?

— Bem... — respondeu ele. — Significa que ela pode desaparecer!

Caça-palavras

Você conhece os oito ~~PLANETAS~~ do Sistema Solar? **MERCÚRIO** é o que está mais próximo do Sol e é o menor de todos. **VÊNUS** é o segundo planeta, seguido pela **TERRA**, que é conhecida como "Planeta Água". Depois está **MARTE**, chamado de "Planeta Vermelho" por causa de sua cor avermelhada. Em seguida vem **JÚPITER**, o maior de todos os planetas. Já **SATURNO** é o segundo maior, famoso pelos anéis que estão em sua volta. O próximo é **URANO**, um planeta gasoso; por último está **NETUNO**. Plutão não está nessa lista porque foi desclassificado pelos **CIENTISTAS** e, agora, é um planeta-anão, por não possuir todos os requisitos para fazer parte do Sistema Solar.

Procure e marque, no diagrama de letras, as palavras em destaque no texto.

M P E F K N T G O W R C C D H D Y X X H U Y W C M L I

Q U J H G W V F A R M P A F I L W A U C L G A Y Q J N

Y Z T K V C S P Z L A B M B F Q H K E N H D P U S L Y

U Z K E I M J C J P R Q P C V L B F P L A N E T A S U

L I U R A N O J O J T M W W Q G H E L J W H X Y G X P

A H K H V J H L M C E Z K P E X C U R I S O Q R B A J

H J L O R L I Y G E X H E O J N O C W U D J A U M R V

Z C Z S Z K O X H Z Z A C Z U O M I N F N T E R R A H

C V G S B M R R F T B N R K P J I M A R N V B I B V T

S E E N K C D T N M P N I H I P Z L A P A A C Z F B Y

O N L H U I I M E N Z M H B T R Q Z C T D L X Y S N S

T U Y H A P J C T U C O G T E U H T J O L K C L A P V

M S C C L F C V U S A N Q D R Q X W M W E I B M T L E

M Y X M U C N N N Z S Y E O X I D T B H Z T S H U W S

X Z I N T V J O O Q L E H E R N G K S U D Y Z E R R B

G S S R N U B C R U O F O E Z B E P N A M Y D Y N W M

Y U Q T C I F V T H R D X K L L O F K C A B B V O P E

H K E Q K Y E T D B Q H M E R C U R I O N O V J H P X

N Q Y F D G X B T E K Q B M N T P O T F L Q Z E E C O

L E C I E N T I S T A S N J D Z K I D B D R C P L G K

C G R K E G A W N J H Y K O S S A V E Q J P F T Q V J

H A L J I R Q D A X F X O Y T M I Z M A B Z Y F O P Y

Eu fiquei alarmado! Então minha rosa poderia um dia não existir mais?

— Para onde eu poderia ir agora? — perguntei.

O geógrafo me aconselhou:

— Vá conhecer a Terra. É um planeta muito famoso!

Vamos desenhar?

Ao chegar ao planeta do geógrafo, ele estava lendo um grande livro. É muito importante manter o hábito da leitura durante toda a vida, para aumentar o conhecimento, melhorar o vocabulário e continuar desenvolvendo o raciocínio e a interpretação.

Que tal usar a imaginação para criar a capa de seu próprio livro? Desenhe os personagens da sua história e crie um título divertido.

Curiosidade

Saint-Exupéry pousou muitas vezes no litoral do Brasil, entre 1930 e 1931. Era conhecido aqui como Zé Perri.

A Terra não é um planeta qualquer! Contam-se lá centenas de reis, não esquecendo, é claro, os que pensam ser reis, milhares de geógrafos que não saem da sua banqueta, novecentos milhões de negociantes que querem ficar ricos, sete milhões e meio de beberrões, e muitos milhões de vaidosos - isso, no total, significa mais de sete bilhões de pessoas grandes.

As iniciais

"Quando, nos Estados Unidos, é meio-dia, o Sol começa a se pôr na França." Você sabe qual o nome da catedral mais importante de Paris, na França? Ela é um importante ponto turístico da cidade.

Preencha os espaços em branco com as iniciais de cada figura e descubra.

______ ______ ______ ______ ______

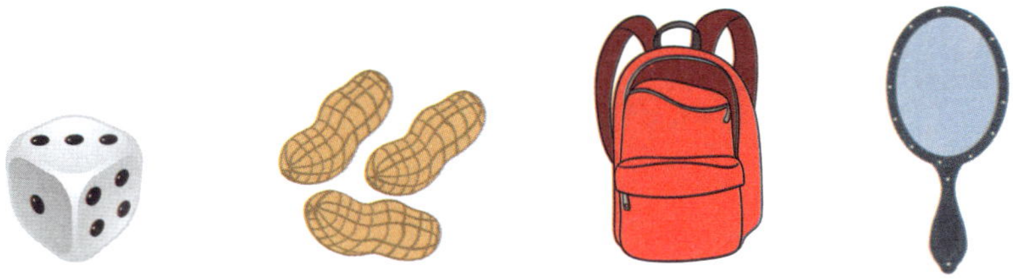

______ ______ ______ ______

Curiosidade

O autor do livro, Antoine de Saint-Exupéry, nasceu no dia 29 de junho de 1900, em Lyon, na França.

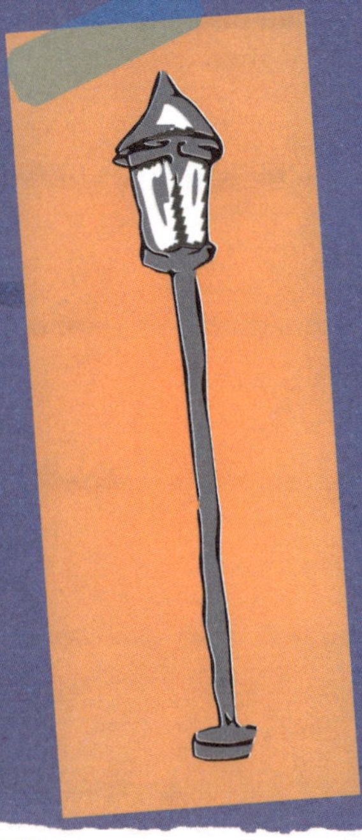

Para vocês terem uma ideia das dimensões da Terra, imaginem que, antes da invenção da eletricidade, era necessário manter, para iluminar os seis continentes, um verdadeiro exército de quatrocentos e sessenta e dois mil, quinhentos e onze acendedores de lampiões.

Na Terra, todos os reis, bêbados, vaidosos, homens de negócios e geógrafos realizavam um verdadeiro balé acendendo seus lampiões. Em sua viagem, o Pequeno Príncipe via do céu os movimentos desse exército iluminado e cheio de ritmo, que se repetia a cada noite. Visto do alto, fazia um efeito magnífico.

Falso ou verdadeiro

O planeta do Pequeno Príncipe era muito diferente do planeta Terra. O asteroide de origem do principezinho era pequeno e muito mais simples do que o planeta que ele estava prestes a conhecer.

Marque a letra "F" ou "V" para responder se as frases sobre o asteroide B612 são falsas ou verdadeiras.

1. ( ) O planeta possuía três vulcões, estando dois em atividade.

2. ( ) O Pequeno Príncipe gostava dos baobás, que faziam bem ao solo.

3. ( ) Era possível ver o pôr do sol várias vezes ao dia no planeta do principezinho.

4. ( ) Havia outra rosa escondida no planeta do menino.

5. ( ) O Pequeno Príncipe vivia sem mais ninguém em seu planeta.

6. ( ) O Pequeno Príncipe aquecia seu café da manhã nos vulcões em atividade.

Primeiro era a vez dos acendedores de lampiões da Nova Zelândia e da Austrália. Depois, entravam os da China e da Sibéria. Seguia a vez dos acendedores da Rússia e das Índias. Depois os da África, da Europa, da América do Sul e da América do Norte. Os acendedores do Polo Sul e do Polo Norte apareciam bem menos.

Encaixe

Para o geógrafo, a amada rosa do Pequeno Príncipe era efêmera, por isso os homens costumam não prestar atenção a elas. Mas o menino não sabia o que isso significava e não entendeu o que o velho senhor quis dizer.

Encaixe as peças corretamente e descubra o significado da palavra que o principezinho não entendeu.

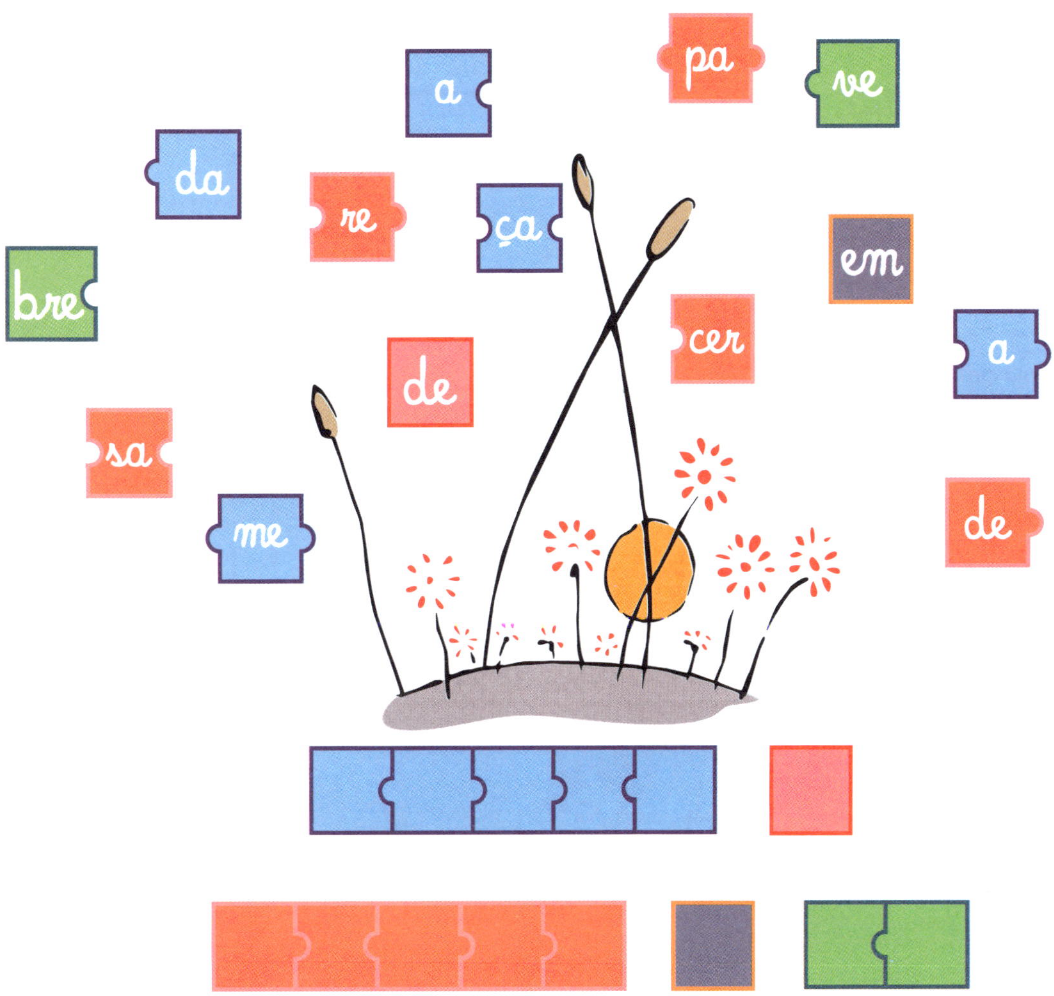

Quando cheguei à Terra, os pássaros selvagens me deixaram na África, bem no deserto do Saara. Olhei para o alto e vi meu lindo planeta. Pensei: “As estrelas são todas tão iluminadas. Será que elas brilham tanto para que cada um possa encontrar a sua?”

O primeiro ser com quem conversei foi a serpente do deserto. Eu a achei muito engraçada, fininha como um dedo. Mas a serpente me avisou:

— Eu meto mais medo que o dedo de um rei.

Labirinto

De acordo com a florzinha, os homens são levados pelo vento por não criarem raízes em apenas um local. Por isso, ela já viu vários passarem por ali, mas nenhum nunca ficou.

Siga o labirinto, evitando os obstáculos, resgate as três pétalas perdidas e leve-as até a florzinha.

Só se vê bem com o coração,
o essencial é invisível aos olhos

início
1
2
3
O rei não quer deixar o Pequeno Príncipe ir embora de seu planeta. Fique uma rodada sem jogar.
5
6
7
8
9
O principezinho quer ajudar o acendedor de lampiões a ter mais tempo. Volte duas casas e ajude-o a ganhar alguns minutos.
11
18
O Pequeno Príncipe foi para a Terra, mas ficou muito cansado e precisa descansar. Volte duas casas e leve-o para um lugar calmo.
20
21
A raposa aconselhou o
a confiar no coraç
responsável por quem
sua vida. Avance uma
chegar mais próximo
5

jogo de tabuleiro

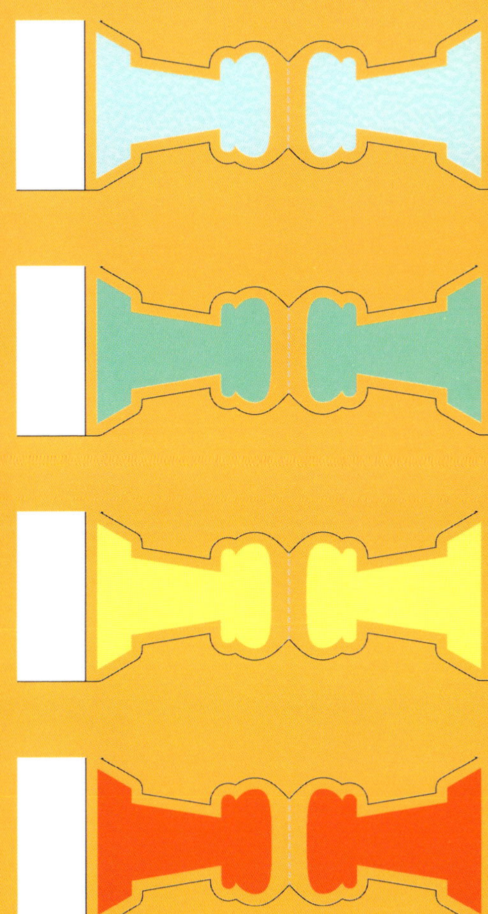

O Pequeno Príncipe

Comentei que ela não tinha pernas, nem poderia viajar, mas ouvi:

— Eu posso te levar mais longe que qualquer lugar...

Eu sabia que as estradas levavam em direção aos homens. Por isso segui em frente e encontrei uma pequena flor do deserto, com apenas três pétalas. Talvez ela soubesse onde eles estavam. Mas a flor me explicou que as pessoas não criam raízes. Talvez o vento as levasse sempre para lugares diferentes.

Liga-pontos

Ligue os pontos de 1 a 60 da rosa e divirta-se colorindo seu próprio jardim!

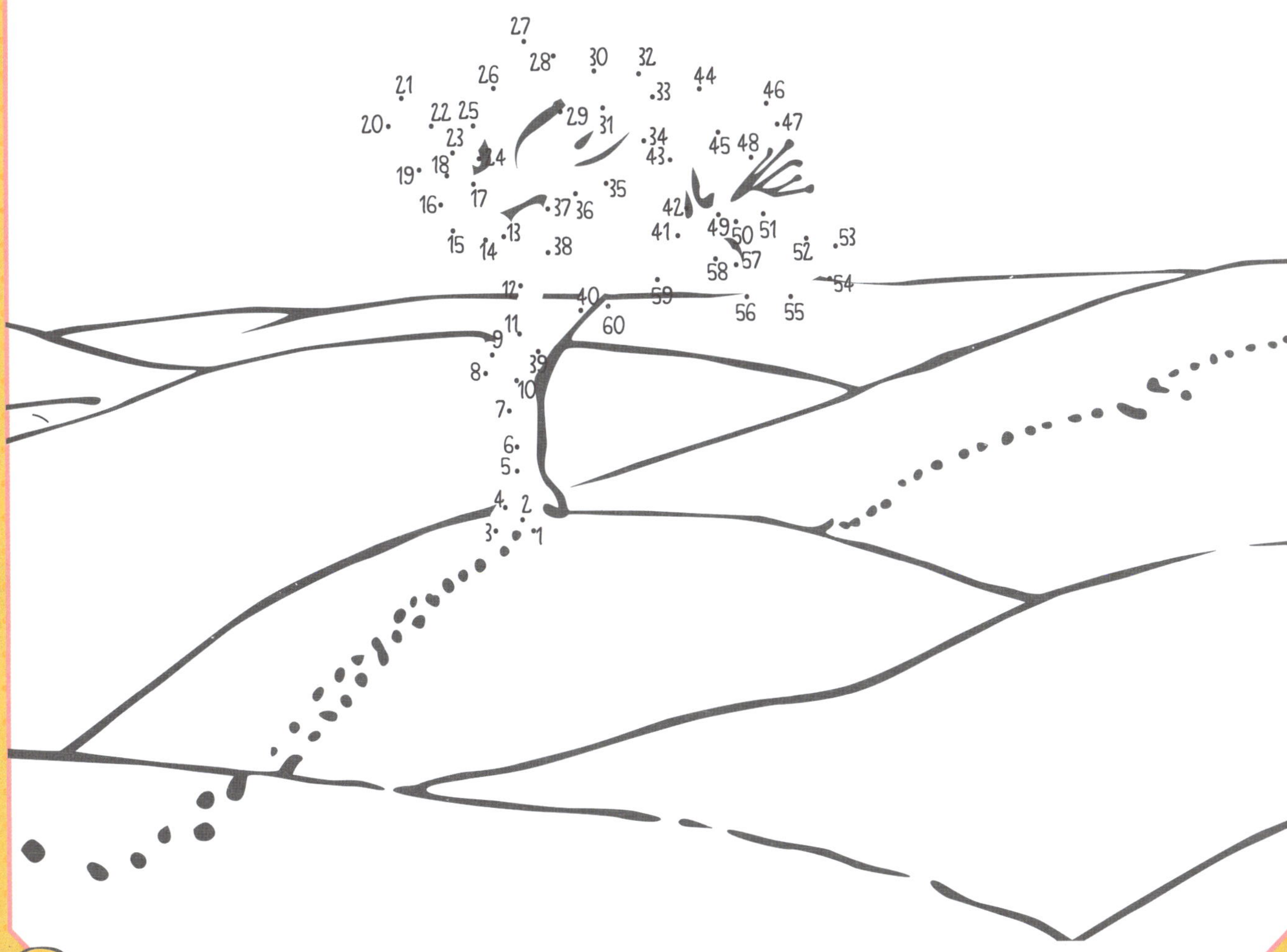

Vi uma montanha e pensei: “Lá de cima poderia ver a Terra inteira e encontrar amigos.”

Quando cheguei ao topo, chamei:

— Bom dia!

— Bom dia, bom dia, bom dia! — respondeu-me o eco.

— Quem é você? — perguntei.

— Quem é você, quem é você? — repetiu o eco.

Jogo dos erros

O Pequeno Príncipe ficou muito decepcionado ao encontrar um jardim cheio de rosas iguais a sua, quando estava na Terra. Até então, ele acreditava que sua rosa era única no Universo e que isso fazia dela especial.

Observe os desenhos abaixo e encontre as CINCO diferenças existentes entre eles.

Senti-me ainda mais sozinho e pensei: “Será que na Terra as pessoas só repetem o que é falado?”

Descendo a montanha, cheguei a um jardim repleto de rosas. Aflito, exclamei:

— Então, existem mil rosas iguais a minha! Eu pensava que era um grande príncipe com uma rosa especial, mas ela não é única, como me fez pensar. Ela mentiu para mim!

E me deitei na relva, chorando.

A ordem

“Se alguém souber amar uma flor da qual só existe um exemplar entre milhões e milhões de estrelas, basta isso para que seja feliz quando a vê. [...] então, se o carneiro comer a flor, para ele seria como se, de repente, todas as estrelas se apagassem!”

Observe o desenho e responda qual a ordem certa para o desenho da direita.

1	2	3	4	5	6	7	8	9

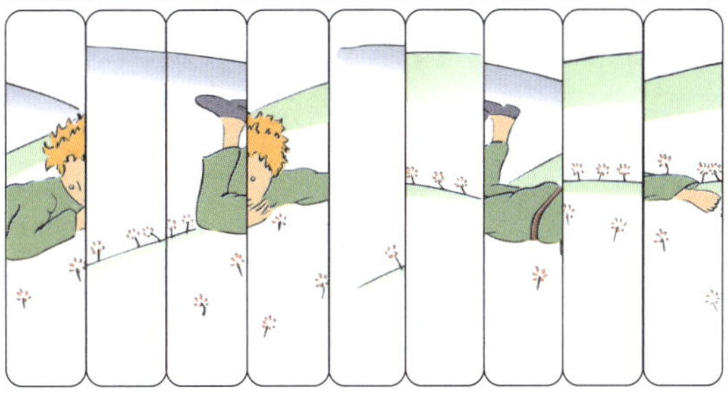

As iniciais

O Pequeno Príncipe, quando chegou à Terra, não encontrou ninguém. Ele começou a desbravar os lugares e procurar por algum habitante.

Preencha os espaços em branco com as iniciais de cada figura e descubra onde o Pequeno Príncipe estava quando encontrou o eco.

Foi então que apareceu uma raposa, fugindo dos caçadores. Eu me aproximei dela com cuidado e pedi:

— Vem brincar comigo, estou tão triste!

Ela me explicou:

— Eu não posso, você nem me cativou!

— Cativar? O que significa isso? — perguntei.

Enigma

Ao encontrar a raposa, o Pequeno Príncipe aprendeu o significado de "cativar". Afinal, a raposa só brincaria com ele se fosse cativada. No final do dia, quando os dois estavam cativados, a despedida foi dolorosa, mas eles não se esqueceriam um do outro nunca mais.

Decifre o enigma e descubra o significado da palavra "cativar".

 - ança +  - co

 - ta +  - palha

— Cativar é uma coisa muito esquecida. Significa criar laços. Para mim você é apenas um menino lá do espaço. Para você eu não tenho nada de especial. Eu não preciso de você, você não precisa de mim. Mas, se você me cativar, vamos precisar um do outro. Assim seremos únicos, eu para você, e você para mim!

— Ah, estou começando a entender — respondi. — O que é preciso fazer?

— Posso me sentar perto de você? — A raposa respondeu que eu precisaria ter paciência e ir me aproximando devagarinho. E era melhor não falar nada. A linguagem pode ser uma fonte de mal-entendidos.

Jogo da memória

Não demorou muito para que a raposa e o Pequeno Príncipe se tonassem amigos e fossem então cativados um pelo outro.

Vamos ver se você é bom de memória? Observe bem a cena por alguns segundos, vire a página de cabeça para baixo, cubra o desenho e responda às perguntas.

1. A roupa do Pequeno Príncipe é verde?
2. A raposa e o principezinho estão sentados juntos no chão?
3. A gravata do principezinho é vermelha?
4. Há árvores na imagem?
5. O avião do piloto aparece na cena?
6. O Pequeno Príncipe está segurando uma mochila?

Curiosidade

Quando esteve no deserto, Antoine sobreviveu à sede com goles de água ácida do radiador. O autor, assim como no livro, encontrou uma raposa de longas orelhas, que se refugiava numa toca quando ouvia o barulho dos seus passos.

— Seria melhor nos encontrarmos sempre na mesma hora. Se eu souber que você vem às quatro horas da tarde, desde as três eu me sentirei feliz. Perto das quatro horas, então, estarei inquieta, emocionada e cheia de ansiedade! É o preço da felicidade!

A raposa era muito divertida. Ela me perguntou se no meu planeta havia caçadores.

— Claro que não! — respondi.

Ela ficou feliz e logo indagou:

A ordem

"Era apenas uma raposa parecida com cem mil outras, mas eu a tornei minha amiga, e agora ela é única no mundo."

Observe o desenho e responda qual a ordem certa para o desenho abaixo.

1	2	3	4	5	6

— E galinhas?

— Também não — afirmei.

Aí ela suspirou:

— Nada é perfeito. Aqui, na Terra, minha vida é monótona. Todos os dias saio para caçar as galinhas, e os homens saem para me caçar. Tudo sempre igual. Os passos dos homens me dão medo e me fazem correr para dentro da toca. É muito chato! Mas, se você me cativar, minha vida será como que cheia de sol. Conhecerei um barulho de passos diferente dos outros, que me chamará com alegria.

Figuras diretas

O principezinho estava começando a entender o que era ser cativado, já que é o mesmo que ele sentia pela sua flor.

Escreva o nome de cada desenho nos espaços indicados pela seta.

Curiosidade

A raposa descrita por Antoine é a Feneco, a menor raposa do mundo, muito esperta e com grandes orelhas.

— Você está vendo aquele campo de trigo maduro, amarelinho? Eu não como pão, por isso o trigo não significa nada para mim. Mas, se você for embora um dia, eu vou olhar o trigo balançando ao vento e assim vou me lembrar de você, do teu cabelo amarelo e todo despenteado...

Assim ficamos amigos. Mas, quando chegou a hora de ir embora, eu vi que a raposa estava bem triste e disse:

— Você pediu para eu te cativar... e agora vai chorar? Viu só como não ganhou nada com essa história?

Brincando em inglês

O personagem do Pequeno Príncipe representa a criança que existe dentro de cada um, a infância que marca a vida de todos. As ações do principezinho, ao longo do livro, também simbolizam sentimentos puros e verdadeiros que sempre devemos ter em nós.

Substitua os símbolos pelas letras correspondentes e descubra como se escrevem esses sentimentos em inglês. Veja o exemplo.

a	c	d	e	g	h	i	k	l	m	n	o	p	r	s	t	u	v

Amor — l o v e

Esperança

Felicidade

Coragem

Bondade

Otimismo

A raposa respondeu:

— Ganhei, sim. Por causa do barulho do vento no trigo.

E ela ainda me aconselhou:

— Volte para o jardim das mil rosas. Olhe bem todas as flores de lá. Você vai entender por que a sua rosa é única. E, quando você voltar, vou lhe contar um segredo. Vai ser meu presente de despedida.

Intruso

A raposa aconselhou o Pequeno Príncipe a voltar no jardim para perceber que sua rosa era única.

Encontre, na imagem abaixo, CINCO intrusos que não pertencem ao jardim.

Eu voltei ao jardim das rosas e percebi, apesar de elas serem parecidas com a minha rosa, que havia alguma coisa muito diferente.

— Vocês são lindas, mas não significam nada para mim. Eu não cuidei de nenhuma de vocês, nem ouvi suas histórias. Não foi nenhuma de vocês que eu reguei, ou de quem tirei quase todas as lagartas. Só deixei alguma para a minha rosa poder conhecer as borboletas. A minha rosa é única!

Código secreto

Depois de conversar com a raposa, o Pequeno Príncipe voltou ao jardim de rosas para perceber que, sim, a sua flor era única no mundo. Antes de se despedir do príncipe, ela lhe contou um segredo, que o menino levou para sempre consigo.

Substitua os símbolos pelas letras correspondentes e descubra o segredo que a raposa contou ao Pequeno Príncipe.

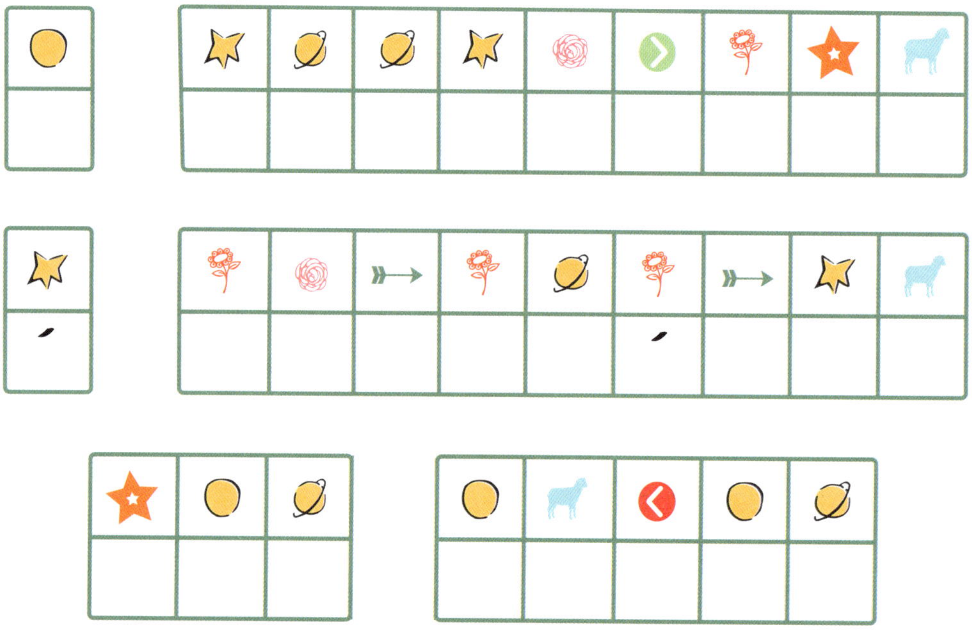

— Foi o tempo que você dedicou à rosa que a fez tão importante. Por isso, ela é única para você! Adeus! — disse a raposa.

— Este é o segredo: as coisas mais importantes a gente não vê com os olhos, a gente sente! Você é sempre responsável pelo que consegue na vida.

Vamos colorir?

O Pequeno Príncipe ficou para sempre cativado pela raposa e nunca mais iria esquecer a amiga tão especial que encontrou na Terra.

Use a imaginação para colorir a raposa que cativou o principezinho.

Enquanto o Pequeno Príncipe me contava suas lembranças, um trem passou por lá, fazendo muito barulho. Ia e voltava, por isso o menino perguntou se eram sempre as mesmas pessoas. O manobreiro explicou que as pessoas trocam sempre de lugar. Nunca estão contentes onde estão. Viajam sem prestar atenção ao caminho. Só as crianças sabem o que procuram.

A sombra

Observe os detalhes do desenho a seguir e marque a sombra correspondente à imagem do manobreiro.

a

b

c

Estávamos com muita sede. Imaginem nossa surpresa quando apareceu um vendedor de pílulas contra a sede.

— Olha a superpílula! Pílulas aperfeiçoadas que tiram a sede! Toma-se uma por semana e não é mais preciso beber! Você economiza cinquenta e três minutos por semana!

Perguntamos então:

— O que se faz com os cinquenta e três minutos?

Vamos colorir?

O piloto e o Pequeno Príncipe estavam havia 7 dias no deserto e ainda não tinham conseguido consertar o avião para que o piloto pudesse voltar para casa.

Use a imaginação para colorir o Pequeno Príncipe e o avião.

Curiosidade

Antoine desenhou todos os personagens, menos um: o piloto. Existem alguns esboços, mas o autor decidiu que o piloto não apareceria. O leitor deveria imaginá-lo.

O vendedor ficou mudo, e o Pequeno Príncipe desabafou:

— Eu, se tivesse cinquenta e três minutos sobrando, iria caminhando calmamente, com as mãos no bolso, até uma fonte.

O Pequeno Príncipe me convenceu que deveríamos procurar água.

— O que torna belo o deserto — disse o principezinho — é que ele esconde um poço em algum lugar... Eu achei engraçado imaginar uma fonte no meio do deserto.

Ao amanhecer, encontramos o que parecia impossível: um poço.

Brincando em inglês

O poço que encontraram não era como os mais comuns de serem achados no deserto. Ele já tinha tudo preparado para a retirada da água, e o piloto não acreditou no que viu.

Substitua os símbolos pelas letras correspondentes e descubra como se escreve o nome dos objetos que havia no poço em inglês. Veja o exemplo.

a	b	c	e	k	l	o	p	r	t	u	w	y

Roldana

p	u	l	l	e	y

Corda

Balde

Água

Eu bebi de olhos fechados. Essa água era doce, como festa. Era uma recompensa boa para o coração, como um presente.

Expliquei ao meu amigo piloto:

— As pessoas do teu planeta cultivam milhares de rosas num mesmo jardim, mas não encontram o que procuram. É preciso buscar com o coração.

Finalmente, consertei meu avião. Contente, procurei o principezinho para contar a novidade, mas o avistei sobre um muro de pedra, como se estivesse conversando com algo na areia. Era a serpente que ele havia encontrado quando chegou ao deserto! O que será que ele estava pensando em fazer?

Siga as linhas

Siga as linhas e descubra o lugar onde o Pequeno Príncipe e o piloto se encontraram pela primeira vez.

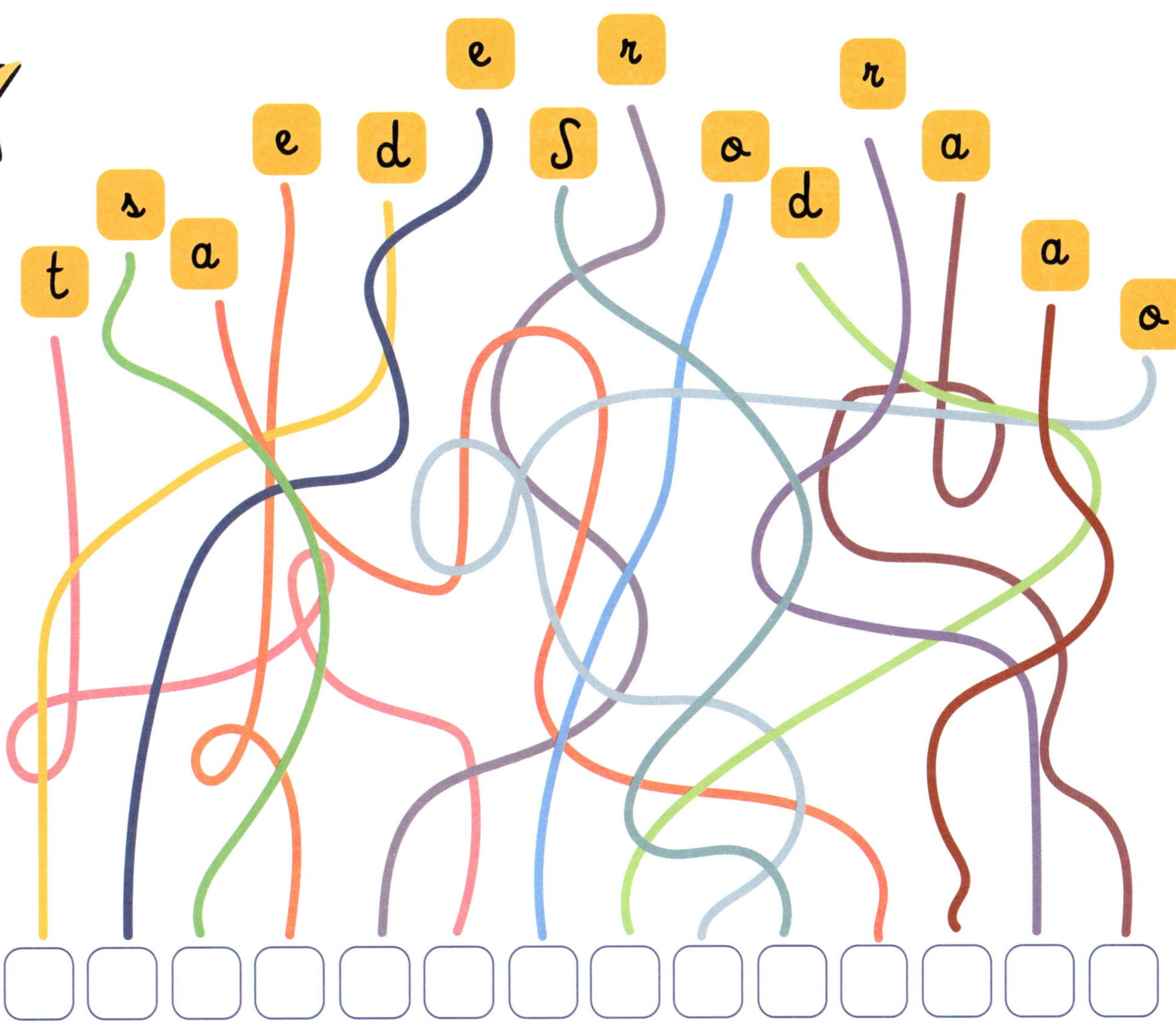

Avisei ao meu amigo piloto que eu precisava partir. Já fazia um ano que eu havia chegado à Terra. Minha rosa estava sozinha no planeta tão longe, e em perigo, pois o carneiro poderia devorá-la.

Eu não queria que meu amigo partisse. Queria tranquilizar o principezinho, então tive uma ideia:

Labirinto

Mesmo que o piloto não quisesse ficar longe do principezinho, o menino precisava voltar para seu asteroide.

Ajude o Pequeno Príncipe a chegar até o seu planeta de origem, percorrendo o labirinto e coletando as seis estrelas que estão pelo caminho.

— Vou desenhar uma coleira para você prender o carneiro!

Tirei do bolso meu lápis, meus papéis e as minhas tentativas de desenho. Ele os viu e disse rindo:

— Teus baobás parecem brócolis!

Fiquei chocado! Eu estava tão orgulhoso de meus baobás!

Brincando em inglês

A primeira edição do livro “O Pequeno Príncipe” foi publicada em abril de 1943, em Nova Iorque, durante a Segunda Guerra Mundial, e foi publicada em inglês, mesmo que o autor tivesse a nacionalidade francesa.

Substitua os símbolos pelas letras correspondentes e descubra como são chamados alguns dos desenhos da história em inglês.

●	♡	◡	✧	↔	↘	❀	→	★	○	◎	☾	♥	𝒮	❥	❤
a	c	e	f	g	h	i	k	l	n	o	p	r	s	t	x

●	❀	♥	☾	★	●	○	◡
a	i	r	p	l	a	n	e

✧	◎	❤

☾	♥	❀	○	♡	◡

𝒮	↘	◡	◡	☾

𝒮	❥	●	♥

Curiosidade

Assim como o Pequeno Príncipe, Antoine teve que deixar seu país, em 1940, junto a amigos que emigravam, fugindo da guerra.

Ele continuou brincando comigo:

— Tua raposa... as orelhas dela... parecem chifres... são compridas demais!

Ele riu outra vez, quando expliquei:

Jogo dos erros

Observe os desenhos abaixo e encontre as **CINCO** diferenças existentes entre eles.

— Que injustiça! Lembra que eu só sabia desenhar jiboias abertas e fechadas?

— Não faz mal — disse ele —, as crianças entendem. E você superou tua dificuldade. Já pode desenhar tudo o que quiser!

Figuras diretas

Escreva o nome de cada desenho nos espaços indicados pela seta.

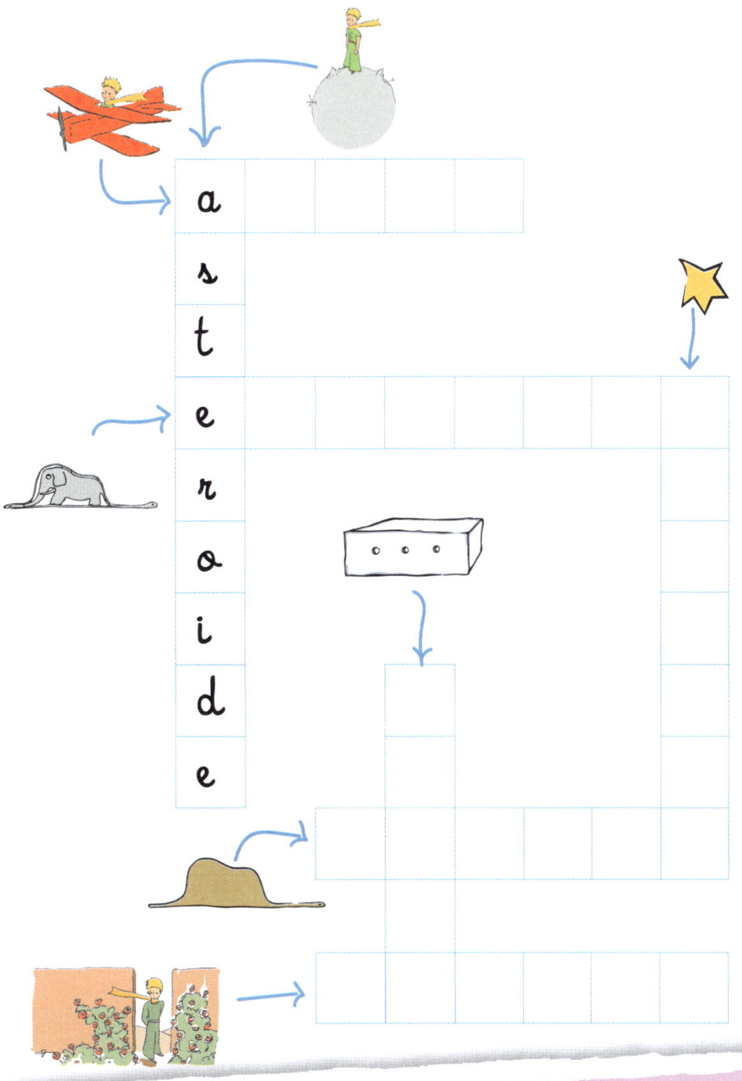

Curiosidade

Dia 13 de abril, dias depois do lançamento de "O Pequeno Príncipe", Saint-Exupéry conseguiu um uniforme de Exército e partiu para defender seu país, com as tropas americanas nos aviões de guerra na Segunda Guerra Mundial.

Eu era só no meu planeta, o Pequeno Príncipe também era sozinho no seu asteroide. Descobrimos o que sentimos e o que os olhos não podem ver. Agora eu também tinha um amigo. E ele me consolou:

Relacione

Relacione as frases com os personagens correspondentes e teste seus conhecimentos sobre o livro "O Pequeno Príncipe".

Gosto de ser admirado por todos.								
Possuo todas as estrelas do céu.								
Sou a criatura mais poderosa que existe.								
Sou amada pelo Pequeno Príncipe.		X						
Posso dar ordens para todo o Universo.								
Eu cativei o principezinho.								
Sou fiel à instrução que recebi.								
Tenho muito conhecimento, mas nunca conheci nenhum lugar.								

— Quando eu partir, você não poderá me ver. Eu estarei em uma das estrelas, sorrindo para você. À noite, quando você olhar o céu, não vai saber em qual das estrelas eu estarei. Então será como se todas as estrelas sorrissem para você.

A ordem

Coloque as imagens na ordem em que elas acontecem na história.

Curiosidade

Na manhã de 31 de julho de 1944, o piloto partiu para uma missão aérea. Desapareceu, rumo ao infinito!

E, assim, adormecemos. Quando acordei, não o encontrei. Com certeza, ele voltou ao seu planeta! O que será que acontece por lá? Eu nem desenhei a coleira para o carneiro... É só ele se distrair... E nhac! Todas as estrelas se transformam em lágrimas. Não! Tenho certeza de que o Pequeno Príncipe cuida bem da sua flor! À noite, ele a protege com a redoma. O carneiro se contenta com as raízes dos baobás. Então eu fico contente vendo as estrelas sorrindo para mim.

Labirinto

O Pequeno Príncipe precisava voltar ao lugar exato em que aterrissou na Terra, no deserto do Saara, um ano depois, para conseguir retornar ao seu planeta. Isso porque sua estrela estaria esperando por ele naquele local.

Siga o labirinto e ajude o Pequeno Príncipe a chegar ao local exato em que a sua estrela o espera. Cuidado para que ele não chegue até o avião do piloto!

Esta é a mais bela e também a mais triste paisagem do mundo. Foi aqui onde conheci o Pequeno Príncipe. Se um dia você estiver como em um deserto e se sentir sozinho, espere um pouco bem debaixo das estrelas. Se uma criança surgir perto de você, se não responder ao que você pergunta, vai saber quem é.

Então, seja gentil, escreva para mim depressa que ele voltou!

Caça-palavras

"Quando a pessoa gosta de uma flor que se encontra numa estrela, é um deleite, durante a noite, olhar para o céu. Todas as estrelas ficam floridas..."

Procure e marque, no diagrama de letras, SEIS vezes a palavra ESTRELA.

T	Z	M	A	W	C	O	H	Q	W	I	Y	Z	F	M	T	V	H	M	H	Y	F	L	P	X	O	Q
N	Z	M	W	N	W	E	I	E	S	S	V	K	H	D	E	V	I	E	B	V	K	S	R	X	Z	J
P	T	U	P	Z	E	S	W	Q	D	R	H	G	U	U	E	R	J	D	W	U	A	Y	G	C	X	Z
U	L	A	M	J	U	T	Y	I	T	V	O	L	P	J	R	D	S	R	Y	G	E	N	F	V	R	T
V	S	U	D	H	E	R	X	U	O	N	U	H	C	Z	M	R	T	M	Q	F	J	T	B	J	E	N
N	N	T	J	B	L	E	S	D	G	E	N	O	W	B	C	E	S	T	R	E	L	A	B	E	S	D
R	R	X	P	L	W	L	X	H	J	A	R	W	A	C	T	H	F	J	G	U	D	P	G	K	S	E
Q	L	T	E	J	W	A	N	V	B	H	B	K	N	H	Y	K	R	T	M	R	U	X	R	S	W	C
V	G	O	T	E	X	V	A	X	M	V	G	Y	Z	U	X	J	O	G	U	G	K	Y	Y	Z	X	D
L	M	K	O	J	Z	E	H	F	R	C	P	A	M	T	Z	N	F	C	V	M	X	Y	T	M	P	M
P	K	Z	U	G	O	J	Y	N	L	S	H	G	U	E	G	X	V	H	H	X	Q	Z	W	X	R	Y
T	K	U	H	V	V	G	H	W	U	X	O	W	E	N	T	H	W	Y	X	D	L	C	U	B	Z	C
Z	B	Y	V	L	X	X	J	N	O	E	S	T	R	E	L	A	J	Y	B	C	B	I	G	P	G	O
R	Y	V	B	O	V	T	R	F	B	Z	S	G	M	X	W	G	I	Q	G	D	Q	P	V	H	W	C
R	O	A	G	X	Q	J	R	A	R	K	T	C	C	F	Y	W	A	U	Z	L	U	J	M	D	F	M
O	M	C	U	J	C	C	D	M	L	N	M	J	X	E	Y	U	P	D	O	H	Y	C	M	L	A	H
S	P	T	E	J	K	L	W	C	I	N	Z	L	M	T	Y	Y	K	A	P	T	V	B	F	K	M	K
E	T	U	S	D	W	E	G	K	X	Q	O	K	C	V	E	Y	Z	K	M	R	G	P	Z	B	Y	X
G	P	Z	T	Q	K	M	T	X	Z	K	X	B	O	V	H	E	D	V	F	B	E	T	K	M	A	O
A	B	E	R	S	A	K	A	O	L	D	A	W	G	K	D	Z	E	O	P	C	S	Q	B	Z	H	V
J	K	L	E	C	Y	Z	J	W	V	W	P	S	F	A	B	F	C	T	J	U	T	L	M	L	I	F
B	J	D	L	J	T	Q	J	Y	E	Y	D	J	H	O	X	E	G	E	F	G	R	B	U	A	U	J
B	N	H	A	B	I	O	E	S	T	R	E	L	A	R	L	P	J	I	R	H	E	K	S	Q	D	E
U	X	O	T	M	S	A	S	E	U	L	M	O	J	M	N	U	L	B	W	R	L	S	B	L	L	T
D	Q	P	V	V	Z	U	A	D	A	L	L	S	Q	O	S	Y	D	P	A	W	A	D	V	A	Q	P
Y	R	I	L	W	A	M	S	Y	E	R	D	T	V	G	I	X	T	L	D	G	Q	R	M	Q	I	D
G	S	W	G	T	J	F	P	B	V	Q	P	T	Y	X	O	B	D	Y	V	Y	R	W	S	H	U	M
M	A	C	G	R	Z	A	G	P	D	T	S	O	D	U	V	H	G	Y	K	C	B	E	G	M	T	P

Quiz

Você sabe tudo sobre o livro “O Pequeno Príncipe” e conhece a história de todos os personagens? Então vamos testar seus conhecimentos com um quiz com informações e curiosidades que você encontrou por aqui! Preparado(a)?

1. Qual o nome do autor do livro "O Pequeno Príncipe"?
   a. Antoine de Saint-Exupéry
   b. Louis de Saint-Exupéry
   c. Jean de Saint-Exupéry

2. Qual foi o primeiro país em que o livro foi lançado?
   a. França
   b. Estados Unidos
   c. Brasil

3. Em que familiar de Antoine de Saint-Exupéry foi inspirada a rosa?
   a. Esposa
   b. Mãe
   c. Filha

4. Que personagem ganhou a admiração do principezinho por ser fiel à instrução recebida?
   a. O vaidoso
   b. O acendedor de lampiões
   c. O rei

5. Quantos vulcões existiam no planeta do Pequeno Príncipe?
   a. Três
   b. Quatro
   c. Cinco

6. Quanto tempo o Pequeno Príncipe passou na Terra?

a. Um ano
b. Um mês
c. Uma semana

7. Qual foi o primeiro personagem que o principezinho encontrou na Terra?

a. A raposa
b. A serpente
c. O piloto

8. O que o Pequeno Príncipe pediu para o piloto desenhar quando o encontrou?

a. Uma casa
b. Uma raposa
c. Um carneiro

9. Quem era o habitante do segundo planeta visitado pelo Pequeno Príncipe?

a. O vaidoso
b. O bêbado
c. O rei

10. Qual é o nome do asteroide em que vivia o Pequeno Príncipe?

a. B612
b. B613
c. B614

Curiosidades

O desenho que Antoine fez da montanha “pontuda e salgada” se refere às montanhas da Patagônia. É extremamente parecida com uma famosa montanha na Argentina, que Antoine sobrevoava durante seu trabalho. A montanha foi denominada Pico Saint-Exupéry.

“O Pequeno Príncipe” é a terceira obra literária mais traduzida do mundo e possui versões em mais de 240 idiomas e dialetos.

A maior exposição do mundo sobre o livro “O Pequeno Príncipe” foi realizada no Brasil, em 2009, no Parque Ibirapuera, em São Paulo.

Antoine desenhava sobre qualquer papel que chegasse as suas mãos. Este desenho faz parte de um bilhete a seu melhor amigo, Leon Werth mostrando o Exército alemão invadindo a França. Desde essa época, já aparecia nos seus desenhos a figura de um menino olhando preocupado para o nosso planeta.

A primeira edição do livro foi publicada em abril de 1943, em Nova Iorque, durante a Segunda Guerra Mundial.

“O Pequeno Príncipe” é o livro mais vendido da história da literatura francesa, com mais de 140 milhões de cópias vendidas no país.

Soluções

4

6	4	2	5	3	1

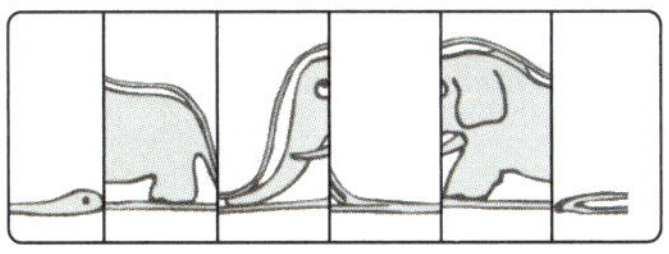

7

6

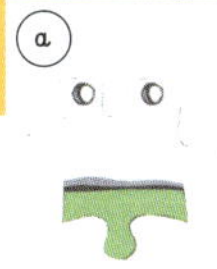

8

9

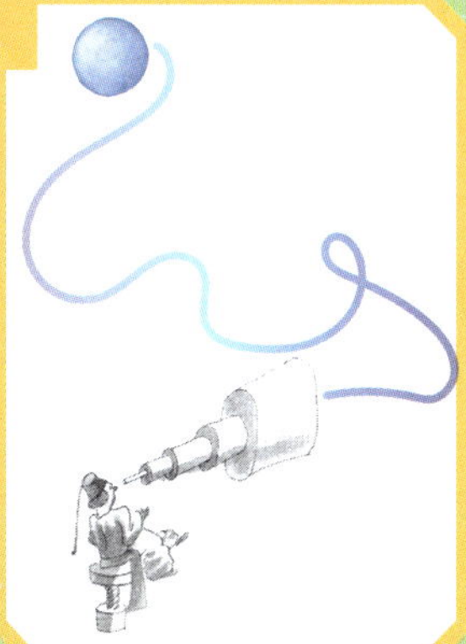

10

1. Sim
2. Sim
3. Sim
4. Não
5. Não
6. Sim
7. Não

11

Canadá

México

Cuba

Panamá

Bolívia

Brasil

12

14

13

LUVAS

VASSOURA

FOLHAS

SEMENTES

PAZINHA

GRAMA

JARDINAGEM

MANGUEIRA

16

17

18

1

19

admirar é olhar o outro com orgulho, carinho e reconhecer suas qualidades

20

2	7	6	4

21

B	I	M	O	T	O	R
I	C	E	B	E	R	G
C	A	T	I	V	A	R
O	C	E	A	N	O	S
R	I	O	S	E	N	A
M	O	R	A	N	G	O
V	I	O	L	E	T	A
M	U	S	C	U	L	O

22

23

LAMPIÕES, MINUTOS, TRES, EMBORA, AMIGO, PRINCIPE, PLANETA, ACENDEDOR, HABITANTES, VOLTA

24

geógrafo

25

URANO, MARTE, PLANETAS, VENUS, NETUNO, JUPITER, TERRA, SATURNO, MERCURIO, CIENTISTAS

27

N o t r e

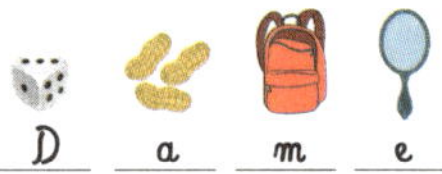

D a m e

28

1. V
2. F
3. V
4. F
5. V
6. V

29

a-me-a-ça-da de

de-sa-pa-re-cer em bre-ve

30

35

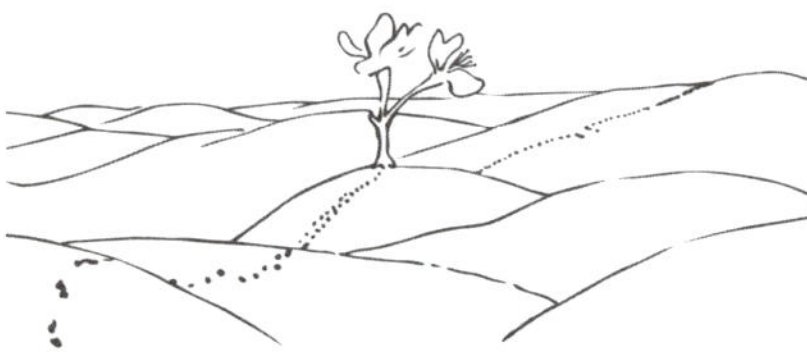

36

37

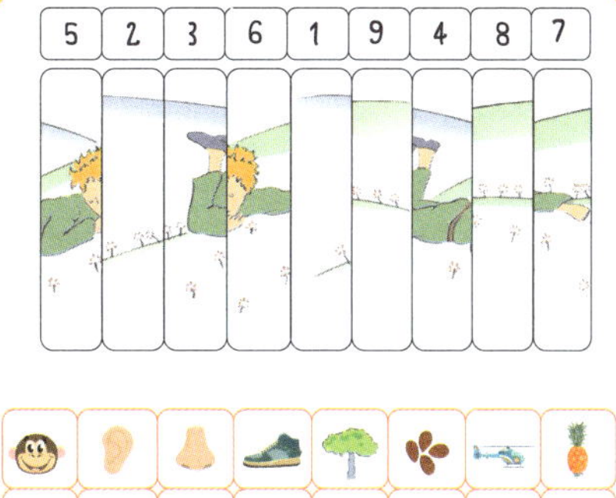

m o n t a n h a

38

Criar laços

39

1. Sim
2. Não
3. Sim
4. Não
5. Não
6. Não

40

41

42

Amor love

Esperança hope

Felicidade happiness

Coragem courage

Bondade kindness

Otimismo optimism

43

44

o essencial

é invisivel

aos olhos

46

48

Roldana pulley

Corda rope

Balde bucket

Água water

49

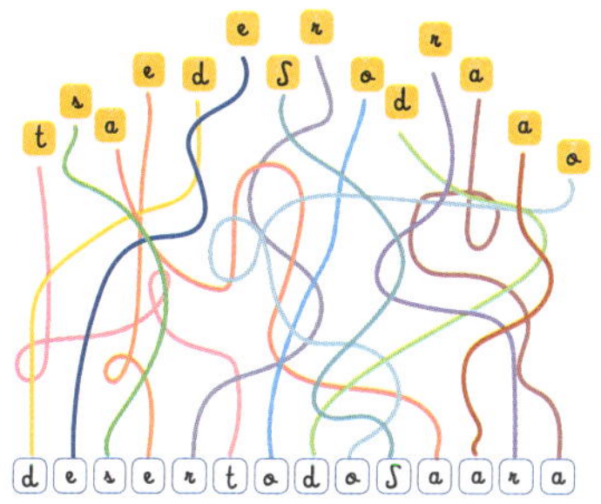

50

51

52

53

54

55

56

57

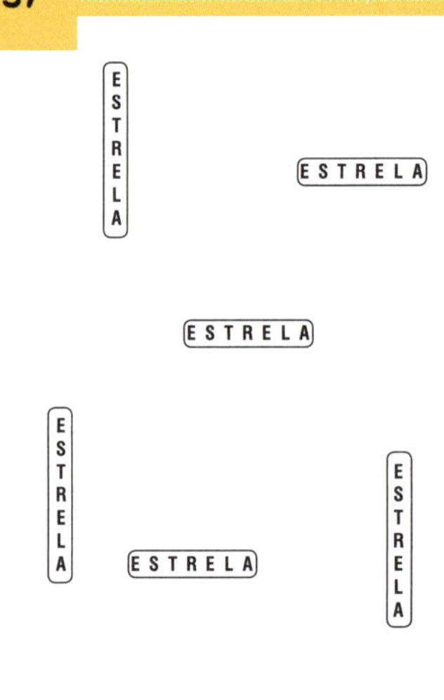

58/59 Quiz

1. a 2. b 3. a 4. b
5. a 6. a 7. b 8. c
9. a 10. a